ARCANJO Jofiel e os ANJOS DA ILUMINAÇÃO

Elizabeth Clare Prophet

Arcanjo Jofiel

e os Anjos da Iluminação

Tradução
MARIA ODILA PEREIRA MIGUEL

NOVA ERA

CIP-Brasil. Catalogação-na-fonte
Sindicato Nacional dos Editores de Livros, RJ

Prophet, Elizabeth Clare
P958a Arcanjo Jofiel e os anjos da iluminação / Elizabeth Clare Prophet; tradução de Maria Odila Pereira Miguel. – Rio de Janeiro: Nova Era, 2009.

Tradução de: How angels help you to contact your higher self – How to contact angels of wisdom
ISBN 978-85-7701-257-2

1. Jofiel (Arcanjo). 2. Anjos. 3. Espiritualidade. I. Título.

08-4894. CDD: 291.215
CDU: 291.215

Título original norte-americano:
HOW ANGELS HELP YOU TO CONTACT YOUR HIGHER SELF – HOW TO CONTACT ANGELS OF WISDOM

63 Summit Way, Gardiner, Montana 59030-9314 USA
Tel.: 406-848-9500 Fax: 406-848-9555
E-mail: info@summituniversitypress.com
Web site: http://www.summituniversitypress.com

Impresso no Brasil

ISBN 978-85-7701-257-2

PEDIDOS PELO REEMBOLSO POSTAL
Caixa Postal 23.052
Rio de Janeiro, RJ – 20922-970

Sumário

Introdução

Este livro é parte de uma série de conferências apresentadas por Elizabeth Clare Prophet sobre como se relacionar com os arcanjos: seus guias, guardiães e amigos. Neste texto, transcrito e adaptado, você vai conhecer o Arcanjo Jofiel, aprender a contatar os anjos da iluminação e descobrir como eles o ajudam a contatar o Eu Superior.

Anjos da Iluminação

Vamos conhecer o Arcanjo Jofiel. Ele é o arcanjo do segundo raio da sabedoria, do esclarecimento e da iluminação. Jofiel e seu complemento divino, Cristina, nos trazem a iluminação e acabam com a ignorância. Nós os visualizamos em feixes de luz na cor amarelo-ouro.

O Arcanjo Jofiel atua no chakra da coroa. Este é o lótus de mil pétalas, o chakra de cor amarelo-ouro, que você pode visualizar bem no topo da cabeça. É por meio da meditação neste local e da personificação da chama da sabedoria que a mente de Deus se revela. Em sânscrito, o nome desse chakra é *sahasrara chakra*. A chama amarela da iluminação é mais intensamente sentida no domingo. Cada arcanjo corresponde a um dos sete chakras, que são centros de energia localizados ao longo da coluna vertebral e que atuam em níveis sutis. O chakra da coroa, que é amarelo, corresponde ao Arcanjo Jofiel. O do terceiro olho corresponde ao Arcanjo Rafael e é verde. O chakra da garganta, que corresponde ao Arcanjo Miguel, é azul, e o do coração é cor-de-rosa e corresponde a Chamuel e Caridade, anjos do terceiro raio do amor divino.

O chakra do plexo solar, que é púrpura e dourado, corresponde a Uriel e Aurora. O chakra da alma é violeta e corresponde a Zadkiel e Santa Ametista. O chakra da base — a luz da Mãe — corresponde a Gabriel e Esperança.

Neste seminário, destacamos cada um dos sete arcanjos e falamos sobre os ensinamentos que eles nos transmitiram no decorrer dos anos.

Hoje vamos falar sobre como os anjos podem ajudá-lo a contatar o Eu Superior. Na palestra *How to Meet Your Guardian Angel* defini o Eu Superior como a presença do Cristo em você. O Eu Superior — o Santo Cristo Pessoal — é também o principal anjo da guarda. Falando sobre os anjos: o anjo mais importante para nós é, na verdade, a Presença Crística que coordena todos os demais anjos da guarda que nos são enviados pelos sete arcanjos.

Encontros com o Anjo do Senhor

Gostaria de começar com a descrição que está no Livro dos Atos, relativa ao anjo do Senhor, que apareceu para o evangelista Filipe e para os apóstolos Pedro e Paulo. Nas Escrituras, onde quer que apareça a expressão "anjo do Senhor", ela significa "o anjo da Presença" e "o anjo do EU SOU O QUE EU SOU".[1]

Com "anjo do Senhor", queremos dizer que estamos lidando com um arcanjo, pois estes encarnam, de maneira completa, a presença de Deus e, quando fazem uma visita, trazem essa presença. Por exemplo, quando o Arcanjo Miguel apareceu para Moisés e para Josué, disse, em ambas as ocasiões: "Descalça as sandálias dos pés, porque o lugar em que estás é santo."[2] O arcanjo sabe que traz a presença de Deus. Ele dá essa ordem para que você identifique o que são a energia, a luz e a consciência notáveis que nos chegam quando encontramos um deles.

O Livro dos Atos registra que um anjo do Senhor apareceu ao evangelista Filipe e ordenou que viajasse pela estrada deserta que ia de Jerusalém a Gaza. Está escrito que naquela estrada o Espírito disse a Filipe: "Aproxima-te desse carro e acompanha-o." Filipe obedeceu e conheceu um etíope a quem ensinou o evangelho e batizou.[3]

O relato de Pedro começa quando um anjo aparece ao centurião romano, Cornélio, um gentio. "O anjo do Senhor" não é mencionado ali. Aquele poderia ser um anjo que fazia parte das legiões do primeiro anjo que aparecera. O anjo ordenou que Cornélio enviasse mensageiros a Jope para encontrar Pedro. Disse-lhe até mesmo o lugar exato no qual poderiam encontrá-lo: a casa de Simão, o curtidor. Os servos seguiram as instruções e encontraram Pedro, e o apóstolo foi com eles até a casa de Cornélio, onde fez um sermão. Cornélio recebeu a bênção do Espírito Santo, foi convertido e batizado.[4]

O Livro dos Atos também registra como um anjo liberta Pedro da prisão. Enquanto ali permaneceu, os cristãos rezaram incessantemente por ele. Na noite anterior ao dia em que seria levado a julgamento por Herodes, Pedro dormia entre dois soldados, acorrentado a eles. O Livro dos Atos diz que: "Sobreveio um anjo do Senhor, e uma luz iluminou a prisão; e, tocando ele o lado de Pedro, o despertou, dizendo: 'Levanta-te depressa!' Então, as correntes caíram-lhe das mãos." Disse o anjo, a seguir: "Cinge-te e calça as sandálias... Põe a capa e segue-me."

Eles passaram por duas sentinelas e, quando chegaram à porta de ferro que dava para a cidade, esta se lhes abriu por si mesma. O anjo caminhou com Pedro por uma rua e depois desapareceu. Pedro foi direto para a casa de Maria, mãe de João Marcos, onde muitas pessoas rezavam. Quando bateu à porta, uma criada chamada Rode atendeu. Ao reconhecer a voz de Pedro, a alegria dominou-a, mas, em vez de abrir a porta, ela correu para contar aos outros que Pedro havia chegado. Como todos pensavam que ele estava na prisão, disseram a ela: "Estás louca." Como ela insistiu que dizia a verdade, informaram-na: "Esse deve ser o anjo dele." Com isso talvez quisessem dizer que se tratava do duplo etérico ou do anjo da guarda dele.

Pedro continuou batendo e, quando abriram a porta, ficaram espantados, pois, como poderia ter saído da prisão? E ele contou-lhes a história de como o anjo o libertara.[5]

Falo sobre esses encontros porque quero que você se coloque no lugar daquelas pessoas, que eram gente como nós. Mesmo os discípulos eram como nós. Eles tiveram encontros com anjos e você também deveria pensar que terá seus próprios encontros com os eles.

O apóstolo Paulo também se encontrou com um anjo. Quando a bordo de um navio que corria o risco de afundar, ele pôs-se de pé e disse: "... vos admoesto a que tenhais bom ânimo, porque não se perderá a vida de nenhum de vós, mas somente o navio. Esta noite o anjo de Deus, de quem eu sou e a quem sirvo, esteve comigo." Declaração muito interessante, não? "Um anjo de Deus, de quem eu sou e a quem sirvo." E o anjo disse: "Paulo, não temas. Importa que compareças perante César. E Deus te deu todos os que navegam contigo."[6] Os anjos que salvaram Pedro e Paulo eram arcanjos.

Comunhão Direta com a Mente de Deus

Os anjos ainda estão conosco, mas, às vezes, sua presença e vibração, assim como nossa habilidade para percebê-los e contatá-los, são abafadas pela soma dos ruídos de todas as invenções do século XX que nos bombardeiam. Não conseguimos permanecer em lugar algum durante um período usufruindo o silêncio que as pessoas desfrutavam antes da era eletrônica. Contabilize os minutos do seu dia em que o telefone não toca, em que a televisão não está ligada ou em que nada acontece ao seu redor. Mesmo que não estejamos escutando o som, sabemos que, nas ondas do planeta, todos os sons bombardeiam os nossos sentidos.

É preciso reservar algum tempo e um local especial para meditar diariamente e construir um *momentum* de meditação, especialmente se quisermos entrar em comunhão direta com a mente de Deus. Os anjos são os facilitadores dessa comunhão. Para a mente de Deus e a abertura do chakra da coroa, o facilitador é o Arcanjo Jofiel. Ele promove a sabedoria de Deus, a iluminação, a compreensão e a gnose — o autoconhecimento em Deus.

Jofiel atua no chakra da coroa, que tem 972 pétalas. Se você acredita que o chakra é uma extensão de Deus, uma bênção por meio da qual você poderá fazer parte do ser de Deus, mesmo estando na carne, conseguirá entender que, para a aceleração da mente, cada chakra carrega uma freqüência ou vibração específica.

Aprendemos que temos a capacidade de conter a mente de Deus. Isso foi o que Paulo nos disse: "De sorte que haia em vós o mesmo sentimento que houve em Cristo Jesus."[7] Podemos conter essa mente, presente também em Gautama Buda e em todos os santos do Oriente e do Ocidente que vieram antes de nós.

Pense na vibração do formigamento do chakra da coroa e no formigamento da luz quando esta entra no cérebro, vai até sua base e se desloca em direção à coroa. Quando você entra em contato com a luz, a sensação de formigamento (que às vezes soa aos seus ouvidos como uma cascata), a freqüência das 972 pétalas, literalmente, nos faculta o acesso à mente infinita de Deus.

Existe somente uma mente universal. É como se a mente de Deus fosse um grande computador e todos nós estivéssemos ligados a ele, àquela mente. Precisamos reconhecer que o cérebro pode ser um recipiente para aquela mente. Para isso, é preciso esvaziá-lo e aliviá-lo do peso das comidas pesadas e das substâncias densas que obscurecem a mente.

O Arcanjo Jofiel e Seus Anjos

Cada arcanjo, assim como outros seres de luz que cuidam do mundo, tem um retiro no mundo celeste, num plano que denominamos de oitava etérica. Tais retiros podem ser localizados tomando como referência certos marcos do planeta. O retiro de Jofiel fica ao sul da Grande Muralha, perto de Lanzhou, no centro-norte da China. Não é interessante que muitos associem a grande sabedoria antiga à cultura chinesa?

O nome de Jofiel significa "beleza de Deus". Algumas tradições afirmam que Jofiel é o guardião da Árvore do Conhecimento do Bem e do Mal e o protetor dos que buscam a Verdade. É conhecido como o adversário dos que buscam o conhecimento inútil, e é tido como professor dos filhos de Noé.

Em algumas tradições, Jofiel é associado ao anjo Yefefiah. Yefefiah é o príncipe da Lei (a Torá) e tido como aquele que ensinou o mistério da Cabala a Moisés. Jofiel é o arcanjo que patrocina os ensinamentos de sabedoria do Senhor Gautama Buda, de Confúcio, de Lao-Tsé, e também auxilia o Senhor Cristo e seus discípulos.

Os arcanjos são tão antigos que antecedem até mesmo a criação dos mundos. Eles foram os primeiros seres criados por Deus. Podemos falar sobre como o Arcanjo Miguel é hoje ou era há 25 ou há 100 mil anos, e continuamos falando sobre o mesmo arcanjo. Para mim, é surpreendente pensar que vida após vida viemos e voltamos, mas que os arcanjos e suas legiões de luz têm estado, desde sempre, no ser de Deus.

Os arcanjos têm complementos divinos porque fazem parte do Todo Divino. Muitos conhecem o símbolo do T'ai Chi. Deus criou o masculino e o feminino — criou os Elohim, Alfa e Ômega, o Deus Pai-Mãe —, e todo arcanjo tem seu complemento feminino: a arquéia. A palavra *archeia* e o seu plural, *archeiai*, são gregas. O complemento divino de Jofiel é a Arquéia Cristina.

O Arcanjo Jofiel disse que, às vezes, seus anjos formam uma coluna de luz, que vai daqui até o Grande

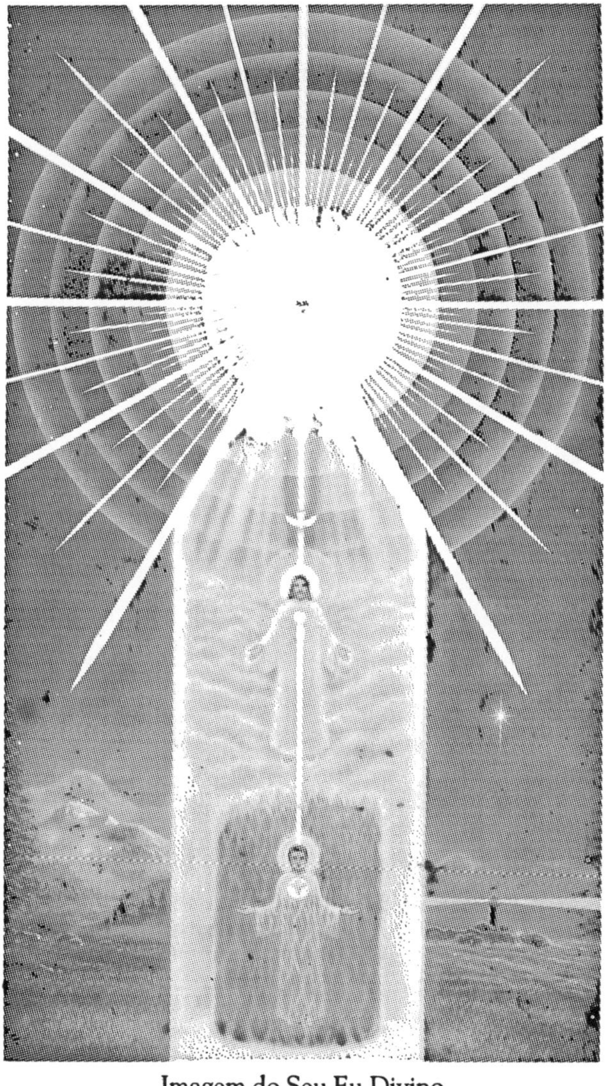

Imagem do Seu Eu Divino

Sol Central. Não conseguimos ver ou saber onde fica o Grande Sol Central em nosso cosmo, mas este é, sem dúvida, o foco de toda vida, do cosmo físico-espiritual. Existem tantas legiões de anjos da chama dourada, que conseguem formar uma coluna de luz daqui até um ponto que não é visível para nós.

Quando pensar no Arcanjo Jofiel e em suas legiões, visualize-os usando mantos dourados. Eles se parecem com feixes de fogo amarelo vindos do Sol. Como está escrito no Livro dos Hebreus, os anjos são seres ígneos, espíritos brilhantes saídos da chama de Deus. Seu resplendor quase cega, porque esses anjos ocupam a primeira faixa colorida que circunda o centro de fogo branco do corpo causal. São círculos no meio de outros círculos circundando o Grande Sol Central. Olhando a imagem do corpo causal na Imagem do Seu Eu Divino (ver página 21), você verá que o centro do corpo causal é o fogo branco e que a esfera que o circunda, logo a seguir, é de cor amarelo-ouro. Então, se você olhar para o centro do sol e vir esses anjos, saberá que são um só com o sol, e que o fogo deslumbrante do sol indica o poder que eles têm na aceleração da mente.

Os Anjos da Chama da Iluminação

Em 1991, na véspera do Ano-Novo, transmiti um ditado no qual Gautama Buda anunciava a chegada de "anjos, vindos de mundos distantes, que servem os budas, os *bodhisattvas* e os seres crísticos do segundo raio da iluminação de Deus". Esses anjos vieram ao mundo para dissipar a ignorância e engrossar, em dez vezes, as fileiras dos anjos de Jofiel que já estão no planeta. Os reforços do segundo raio irão assisti-los durante décadas e cada novo grupo de reforço permanecerá conosco por dez anos. Gautama disse que essa importante bênção lhe dará a possibilidade de equilibrar o Grande Tao em seu interior.

Quantos de vocês já estudaram um pouco o taoísmo? É maravilhoso ouvir os ensinamentos do Tao. Eles dão muita paz ao coração e mostram uma nova maneira de compreender os ensinamentos do Cristo. Percebi que o que estudei sobre o taoísmo, assim como as palestras que dei sobre o assunto, deram-me uma nova compreensão das palavras de Jesus Cristo. Sinto-me bastante humilde diante desse importante ensinamento do Tao que chegou até nós.

Os anjos da chama da iluminação nos ensinam as sendas místicas de todas as religiões mundiais, como Deus concedeu uma senda para que pessoas diferentes encontrassem o caminho de volta para a compreensão do Eu Verdadeiro, do Buda Interior Verdadeiro, do Cristo Interior Verdadeiro e da Presença do EU SOU. A Imagem da Presença mostra os três níveis do ser. A figura superior é o EU SOU O QUE EU SOU, que apareceu para Moisés. A figura do meio é o Cristo Pessoal — o anjo da guarda, o Cristo Interior ou Buda Interior. A figura inferior é você envolto na chama violeta.

Os anjos de Jofiel e Cristina não revelam apenas os mistérios de Deus; eles também expõem a infâmia dos homens e dos anjos caídos. Estão aqui para revelar o que não é mostrado no governo, na ciência, na educação, na medicina, na alimentação, na saúde; sobre a Aids e outras doenças terminais; a guerra às drogas, a poluição e o meio ambiente; os efeitos da música na evolução e em tudo que diz respeito à nossa vida cotidiana.

Vieram com a missão de nos tirar dos níveis profundos de ignorância que estão se estabelecendo nesta nação e em todas as nações, desde os primeiros níveis das crianças na escola. Podemos invocar Jofiel e Cristina e suas legiões de luz para que abram as portas das oitavas superiores às quais nós e a maioria dos habitantes da Terra não conseguimos acessar.

Em cada palestra que faço sobre os anjos, o mais importante é garantir que você se sinta à vontade para falar com os anjos e rezar a eles; garantir que não lhe pareça estranho dirigir-se a um deles, pois os anjos ouvem nossas preces e, como emissários de Deus, as respondem.

Invocando o Arcanjo Jofiel

Falemos sobre contatar o Eu Superior. O Arcanjo Jofiel nos ajudará a fazê-lo.

Você não precisa usar uma linguagem floreada quando precisar pedir a ajuda dele. Não precisa de uma prece longa e sonora. Precisa dizer, simplesmente, "Amado" (chamamos os anjos de "amados" porque eles são os amados de Deus e o termo expressa respeito e devoção).

Amados Arcanjos Jofiel e Cristina e legiões de Luz, preciso da vossa ajuda. Vinde até mim agora. Ajudai-me. Ajudai minha alma a entrar em contato com meu Eu Superior. Quero comunicar-me com essa parte de mim mesmo. Quero transformar-me no meu Eu Superior aqui na Terra. Quero ser capaz de fazer as coisas extraordinárias que Jesus prometeu que eu faria porque ele está no coração do Pai.

Ó Jofiel e Cristina, corrigi-me e repreendei-me. Mostrai-me o que é aceitável e o que não é aceitável aos olhos de Deus. Mostrai-me o caminho. Não passo de uma criança. Eu aprenderei. Eu escutarei. Vinde à minha casa. Ajudai os meus filhos. Amparai o meu casamento. Ajudai a minha família. Ajudai-me a encontrar o trabalho que preciso para sustentar a mim mesmo e àqueles que dependem de mim.

É assim que falamos com os anjos; é assim que falamos com Deus. Essa é uma prece do coração. Seu coração está em chamas pelo amor que você sente por Deus e Seus anjos. Está em chamas pelo desejo de caminhar completamente à sombra do Todo-Poderoso.

Farei uma invocação por nós. Por favor, sussurre, fale em voz alta ou em seu coração, algo muito especial que você gostaria de dizer a qualquer um dos sete arcanjos. No caso específico desta palestra, dirija-se aos anjos da sabedoria e da iluminação. Conte a eles que você precisa voltar para a escola, conseguir outro diploma de graduação, estudar os níveis avançados para que possa ajudar mais pessoas. Fale com eles sobre o seu plano divino e peça-lhes assistência.

Fale com o Arcanjo Jofiel como se ele estivesse a dois passos de distância. Ele ouve cada palavra e Deus criou-o há muitos éons para que, quando você estivesse buscando a senda, Jofiel e seus anjos ali estivessem.

Invocação

Amados Jofiel e Cristina, neste dia nós vos damos as boas-vindas aos nossos corações. Nós vos recebemos no coração da América e de todo o mundo. Recebei-nos agora. Permiti que neste dia vossas legiões de luz protejam todas as pessoas e inspirem os líderes e aqueles que guiam os destinos das nações no curso correto da ação, segundo o padrão e o plano divino para o mundo. Purificai o corpo planetário de toda poluição que há no mar, no ar e na própria terra.

Ó Deus, envia tuas legiões de Luz. Pedimos a cura das nossas mentes e que os nossos cérebros sejam purificados da nicotina, do tabaco, do LSD, da maconha e de todas as substâncias nocivas que os revestem e que impedem que sejamos estações receptoras perfeitas da mente de Deus.

Entra em nossos corações agora e, com o amor divino, faz-nos despertar de modo a não guardarmos rancor contra ninguém, mas somente mantermos a chama viva do perdão.

Por isso, amado Jofiel, por vosso intermédio oferecemos nossas preces pessoais a Deus. Ouvi nosso chamado nesta hora e respondei-o de acordo com a vontade de Deus. [Faça aqui suas preces pessoais.]

Meditação do Chakra da Garganta

Para nos prepararmos para a meditação do chakra da coroa, faremos primeiro a "Meditação do chakra da garganta".

Fazemos essa afirmação quando queremos entrar em contato com a Presença do EU SOU. Reconhecemos que a Presença de Deus que está em nós — a quem chamamos de amada Presença do EU SOU — é o mestre de nossa vida. Atentem para as palavras deste mantra que diz *Presença do EU SOU, Tu és Mestre*. Ao reconhecer Deus como único mestre, você está afirmando que nada mais em sua vida o domina: nem medo, nem dúvida, raiva, carro novo, dinheiro, isto ou aquilo.

É muito importante compreender que, quando você entra na senda na qual se associa aos arcanjos, existe somente um Deus. É preciso acabar com a idolatria em sua vida: idolatria a si mesmo e a outras pessoas; aos ricos, aos famosos, aos poderosos e assim por diante. Nós provavelmente não sabemos que servimos aos ídolos, mas a maior parte de nós serve. Muitas vezes, esse ídolo é simplesmente o eu exterior.

O poder de Deus desce numa aura bastante brilhante quando afirmamos que a Presença do EU SOU é o Mestre da nossa vida e abandonamos toda a futilidade dos deuses inferiores. Você se torna tão humilde diante do poder de Deus que não pensará mais em fazer de si mesmo um ídolo.

O mantra diz: *Presença do EU SOU, no meu caminho resplandece!* Quer dizer: "Remove toda sujeira. Eu não a quero mais. Não quero ficar carregando essa bagagem. Resplandece no meu caminho. Este é o teu templo, a tua vida e eu sou o teu servo. Entra agora e limpa a casa."

Que a Tua Luz e todo o Teu poder venham aqui se estabelecer! Estabelecer-se no meu coração, em mim, na minha mente e no meu ser. Deus, assume o comando e expulsa de mim tudo aquilo que permiti que me controlasse.

Inunda-me com a mestria da Vitória, que brilhe o clarão azul, Tua essência fulgurante! Nesta forma vem descer. O objetivo aqui é recarregar o ser que se polariza em Deus. Estamos dizendo: "Faz resplandecer a Tua chama em mim. Desce nesta forma para que a Tua perfeição e a Tua glória resplandeçam em mim e, um dia, eu transcenda a Terra."

O propósito da prece é limpar o caminho para as demais meditações nos chakras. Façamo-lo agora, com alegria e com a autoridade do Eu Verdadeiro.

Lembra-se do que foi dito sobre Jesus? Ele não falava como os escribas; falava com autoridade. Quando em seu coração você falar com o Eu Verdadeiro, fale com aquela autoridade. E o que é que você está ordenando? Está ordenando que a luz — a luz de Deus — coalesça de acordo com esta prece específica.

Presença do EU SOU, Tu és Mestre!
No meu caminho resplandece!
Que a Tua Luz e todo o Teu poder
Venham aqui se estabelecer!
Inunda-me com a mestria da Vitória,
Que brilhe o clarão azul,
Tua essência fulgurante!
Nesta forma vem descer,

Para que a Perfeição e a sua Glória
Possam a Terra transcender.

Selaremos a ação com a seguinte prece:

Em nome do Cristo, em nome da Poderosa Presença do EU SOU, invoco todo o Espírito da Grande Fraternidade Branca[8] e a Mãe do Mundo para que coloquem seus anéis e espadas cósmicos de chama azul de milhares de sóis originados no Grande Sol Central, e façam resplandecer megatoneladas de Luz cósmica, relâmpagos azuis e fogo violeta no interior, através e em redor de tudo o que não seja da Luz nos meus quatro corpos inferiores, no meu cinto eletrônico, no chakra do coração e em todos os meus chakras, na minha consciência, no meu ser e no meu mundo!

Meditação no Chakra da Coroa

Faremos agora a "Meditação do chakra da coroa". Ao fazer meditações nos chakras, você coloca a mão esquerda sobre o chakra do coração, que fica no centro do tórax, e a mão direita no chakra que você deseja ativar. Assim procedendo, você entrará em contato com a Presença do EU SOU.

Como queremos ativar o chakra da coroa, unimos o dedo polegar aos dedos indicador e médio e os colocamos na coroa, no topo da cabeça. Visualize, agora, uma chama amarelo-claro que salta e pulsa no ponto do chakra da coroa. Sua mão esquerda capta o fogo do coração e a direita usa esse fogo para acelerar o chakra da coroa.

Estando nessa posição, conversamos com a chama, porque ela é uma extensão da presença de Deus. A chama de Deus e a Luz de Deus têm luz própria e substância inteligente. Elas são Deus. São suas manifestações. Falamos, então, à chama, da seguinte forma:

Ó Chama de Luz brilhante e dourada,
Chama maravilhosa de ser contemplada,
Em cada célula do cérebro brilhando
Na sabedoria da Luz tudo adivinhando.
Fonte incessante de Iluminação flamejante
EU SOU, EU SOU, EU SOU a Iluminação.

Diga-o com toda a alegria do seu coração, com esperança e a absoluta convicção de que Jofiel estabelece agora essa chama no chakra da coroa e na região da cabeça. Repita a afirmação quantas vezes quiser.

Entrando em Contato com o Eu Superior

Como os anjos o ajudam a entrar em contato com o Eu Superior? Eles o fazem por intermédio do mantra que acabamos de recitar, da prática que acabei de demonstrar e quando cantamos para Jofiel e Cristina. Quanto mais você medita, emana amor e devoção, usa a Ciência da Palavra Falada e exercita o poder da fala afirmando que Deus está onde você está, mais você entra em harmonia com o Eu Verdadeiro.

E o Santo Cristo Pessoal, a figura central da Imagem do Seu Eu Divino (ver página 21), descerá gradualmente sobre a forma. O Cristo Pessoal aproxima-se quando você se dedica às práticas mencionadas, quando emana para Deus o verdadeiro amor do seu coração, quando entra em contato e reconhece o Eu Superior e os anjos como intercessores. Como dizem as escrituras: "Chegai-vos a Deus e Ele chegará a vós."[9]

Quando todas essas condições são realizadas, você estabelece um padrão; um ritual de comunhão com Deus. Você perceberá que sua aura mudará. A Presença Crística não somente se aproximará gradualmente, aumentando essa aproximação à medida que a aura manifesta mais luz, como também os anjos sentir-se-ão felizes em visitá-la amiúde. Graças ao trabalho que você realiza diariamente e por serem auxiliares de boa vontade, os anjos virão e permanecerão na sua aura, ampliando-a e multiplicando-a.

Saudação ao Sol de Deus

Um modo perfeito de começar uma sessão de exercícios diários, de ioga ou de qualquer atividade física é fazer o mantra "Saudação ao sol de Deus". Ao fazê-lo, você consagra a Deus o corpo físico, o corpo do desejo, o corpo mental e o corpo da memória.

Ó poderosa Presença de Deus EU SOU, no Sol e por trás do Sol:
Que a Tua Luz, que inunda toda a Terra, seja bem-vinda à minha vida e pensamento, ao meu espírito e alma!
Irradia e faz resplandecer a Tua Luz!

Rompe as cadeias das trevas e da superstição!
Infunde-me com a grande pureza
do Teu resplendor de fogo branco!
EU SOU o Teu filho, e a cada dia aumenta
em mim a Tua manifestação!

Quando vir as palavras *EU SOU*, lembre-se de que esse é o nome de Deus. Deus disse Seu nome a Moisés e explicou-lhe que era para todas as gerações.[10] Assim, quando afirmamos "EU SOU ________________", estamos na verdade dizendo "A minha Presença do EU SOU (o EU SOU O QUE EU SOU que é o meu Eu Verdadeiro) está entrando em ação", seja qual for a ação que você expressa depois das palavras *EU SOU*. Por exemplo, no mantra "Saudação ao sol", dizemos "EU SOU o Teu filho, e a cada dia aumenta em mim a Tua manifestação".

À medida que for experimentando os mantras e os ensinamentos, você perceberá que usamos bastante a afirmação "EU SOU". Cada vez que você afirma, cada vez que pronuncia o verbo "ser" ou o "estar", na primeira pessoa, está atraindo para si o que quer que venha a seguir. E sabemos que, se você diz que está doente e cansado, é assim que vai se sentir.

Anjos, Instrutores da Humanidade

Os Arcanjos Jofiel e Cristina são os instrutores da humanidade. Suas legiões de anjos instruem-no todos os dias. Os anjos do segundo raio aceleram a capacidade de sintonia com a mente universal de Deus.

Os pensamentos dos anjos são assimilados tão facilmente por nossas mentes que dizemos: "Tive uma idéia!" Estamos habituados a dizer que as idéias são nossas, mas você já deu um passo atrás ou colocou-se à margem da situação só para observar a mente? Você presta atenção à mente quando tem uma idéia? Num momento, você não sabe como vai executar algo e, no momento seguinte, tem uma idéia, um plano, um projeto.

Os inventores inventam. As pessoas descobrem como algo pode ser feito. A mente de Deus sempre me causa admiração. O cérebro é com certeza um instrumento magnífico, mas eu o vejo como um cálice. E o sistema nervoso central, o subconsciente, o inconsciente e os chakras espirituais são todos diferentes cálices que temos e que funcionam como receptores da inteligência da mente de Deus.

Quantas idéias que nos ajudaram a progredir em nossas carreiras e nos deram a oportunidade de alcançar o sucesso vieram realmente do cérebro humano? E quantas vieram mesmo da Mente Superior, da Presença Divina, da inteligência universal? Sempre me sinto humilde diante das sugestões que eu e outras pessoas recebemos de Deus, que não poderiam ter origem no indivíduo e que são verdadeiras bênçãos.

Quando você trabalha com os anjos do segundo raio, é esse o objetivo pelo qual se esforça: ligar-se totalmente ao Ser Superior, para que a Presença Crística não permaneça acima, mas seja totalmente integrada a você aqui embaixo. Essa é a natureza dos grandes avatares de todas as eras. Jesus Cristo era a manifestação plena do Filho de Deus, a encarnação. Ele estabeleceu o exemplo e o padrão daquilo que todos podem fazer. Portanto, acelerar a capacidade para sintonizar-se com a mente universal de Deus é o assunto de hoje.

A Ignorância Causa Sofrimento

O trabalho dos anjos do segundo raio da sabedoria e da iluminação é livrar o mundo da ignorância: ignorância das leis de Deus, ignorância da verdadeira identidade em Deus. Os sábios do Oriente e do Ocidente definem ignorância como a incapacidade de enxergar a verdadeira natureza do Eu Verdadeiro e a do eu irreal.

Gautama Buda ensinou que ignorar a verdadeira natureza do ser provoca o desejo desenfreado, que é a origem de todo sofrimento e a razão pela qual continuamos voltando à Terra e reencarnando. Os textos do hinduísmo ensinam que a ignorância é a origem da dor, a qual não acabará enquanto a primeira não for completamente erradicada.

Não nos damos conta do quanto somos ignorantes até estarmos um pouco mais conscientes, olharmos para trás e dizermos: "Nossa, como eu era tolo!" Quando chegamos ao nível seguinte e olhamos para trás, vemos que também não éramos muito brilhantes [risos]. Cada dia é como uma comprovação do que a sabedoria de Deus realmente é e do que é a educação do homem.

Por ser a ignorância a origem do sofrimento, este não acabará até que aquela seja totalmente eliminada. E somente sob o ponto de vista da nossa própria iluminação saberemos se ela foi completamente eliminada. Você conseguirá isto quando compreender que o Eu Verdadeiro é Brahman.

As escrituras hindus ensinam que dentro do nosso coração está o *atman*. O *atman* é como uma réplica de Deus em miniatura, que é Brahman com o Verbo, no princípio. Visualizamos o Eu Verdadeiro — a figura superior e a figura do meio na imagem — acima de nós (ver página 21). No coração estão a chama trina, a Presença Crística e a voz da presença interior que fala com você. Lembre-se de que Cristo não é uma palavra cristã; é uma palavra grega que significa "ungido": aquele que foi ungido pela luz. Portanto, em você o ser ungido pela luz é o Eu Verdadeiro.

Os mantras védicos a seguir afirmam que você está na presença de Brahman, que você é Brahman, que a consciência de Brahman é a sua consciência. Se quiser experimentar um mantra oriental, pode fazê-lo, agora, comigo.

Tat Tvam Asi
("És o que és" ou "És *Brahman*")
Om
Aham Brahmasmi
("EU SOU Brahman")
Om
Ayam Atma Brahma
("Este Ser é Brahman")
Om
Prajnanam Brahma
("A consciência é Brahman")
Om

Essa é outra maneira de entrar em contato e de se transformar no Eu Superior, compreendendo a profunda verdade que Deus, na pessoa do *atman*, na pessoa do Cristo Pessoal, está em você e que esse é o seu ponto de realidade. Em meu coração, sei e estou convencida de que Jesus Cristo é o meu Senhor e Salvador. Ele não perde o valor pelo fato de eu olhar para outras tradições de sendas místicas, pois todas levam ao Deus único.

"EU SOU Luz"

Alguns de vocês devem ter ouvido falar do Mestre Ascenso Kuthumi, também conhecido pelos teosofistas como Mestre K.H. Ele também esteve encarnado como São Francisco de Assis. No livro O *Poder da Aura*, Kuthumi transmitiu o decreto "EU SOU Luz" com uma meditação e uma visualização.

Primeiro coloque-se numa posição meditativa, de preferência com as solas dos pés no chão ou com as pernas na posição de lótus. As mãos permanecem em repouso sobre o seu colo.

Kuthumi nos ensina como fazer a afirmação "EU SOU Luz". Recomenda que comecemos visualizando a chama trina expandindo-se no coração. Ela é, literalmente, uma centelha divina do fogo sagrado que vem do coração de Deus e mede aproximadamente 1,6mm. Você pode aumentar a intensidade e a altura da chama por meio do amor, da sabedoria e do conhecimento da vontade de Deus, e aceitando-a.

A chama trina é, na verdade, um foco da Trindade. A pluma azul, à esquerda, representa o Pai, o poder e a Lei. A amarela, ao centro, é o sol, a sabedoria e a iluminação. A rosa, à direita, é o Espírito Santo, o amor. A esfera de fogo branco na base dessa chama representa a Mãe.

A chama trina deve estar equilibrada, mas, como por muito tempo nos distanciamos de Deus, do centro do Seu ser, até a chama trina se desequilibrou. Algumas pessoas têm mais sabedoria do que amor, ou mais poder do que amor. Por isso, a altura relativa das plumas pode estar em desequilíbrio.

Quero que vocês sobreponham esse padrão, essa visualização da chama trina, a si mesmos: a pluma azul à esquerda, a amarela no centro e a rosa à direita. Fechem os olhos e transfiram essa imagem para o seu coração. Vejam-na ali. Vocês podem visualizá-la muito maior do que o 1,6 mm, bem no centro do seu tórax.

A chama trina é o fogo sagrado e a centelha divina que Deus lhe deu. Ela é imortal. Na mudança denominada morte, a chama trina sobe até o nível do corpo etérico. Você ainda tem chama trina quando, entre as encarnações, vive no corpo etérico.

Visualização

Visualizem a chama trina em sua cavidade torácica. Ela está pulsando. Ela é fogo espiritual e por meio dele, recebemos o sopro de vida do Espírito Santo. Através dela, no final da vida, o fogo do Espírito Santo retira o sopro.

Enquanto experimentam a chama, visualizem-se dentro de um globo. Esse globo é a luz branca e dentro dele vocês estão protegidos e selados. Enquanto contemplam o globo, visualizem a luz branca que se intensifica até que ele se torne um fogo branco intenso e vocês estejam selados nessa esfera da consciência de Deus do Eu Superior. Os anjos nos ensinam essa outra maneira de entrarmos em contato com o Eu Superior.

Agora que vocês estão devidamente ajustados na visualização e com o campo de força de proteção, recitem as palavras a seguir, com total humildade e devoção:

EU SOU Luz, Luz resplandecente,
Luz radiante, Luz intensificada.

Deus consome a minha escuridão
Transmutando-a em Luz.

Hoje EU SOU um foco do Sol Central.
Através de mim corre um rio de cristal,
Uma fonte viva de Luz
Que não pode ser corrompida
Por pensamentos e sentimentos humanos.
EU SOU um posto avançado do Divino.
A escuridão que se serviu de mim é consumida
Pelo poderoso rio de Luz que EU SOU.

EU SOU, EU SOU, EU SOU Luz
Eu vivo, eu vivo, eu vivo na Luz.
EU SOU a mais completa dimensão da Luz.
EU SOU a mais pura intenção da Luz.
EU SOU Luz, Luz, Luz
Inundando o mundo aonde quer que eu vá,
Abençoando, fortalecendo e anunciando
O propósito do reino dos Céus.

Devemos fazer essa prece com grande alegria, com absoluta convicção de que cada linha pronunciada manifesta-se a partir do coração de Deus.

Jofiel e Cristina Falam sobre a Educação

O Arcanjo Jofiel, Cristina e os anjos da sabedoria ensinam como contatar o Eu Superior. Jofiel diz que você precisa educar o coração, depois a mente e, em seguida, a alma. Ele diz: "Pensai nas pessoas da antiguidade que passaram pela Terra e conhecereis os pensamentos de Deus *na época em que Ele os pensou.*"

Nos dias de hoje, o objetivo da educação é acelerar o computador do corpo mental. A comunicação direta com Deus por meio da chama trina e do chakra do coração é deficitária. Apesar disso, sem a inteligência distintiva do Eu Superior, o homem é pouco mais do que um computador, é uma máquina feita de carne e ossos.

É por isso que aconselho que desde a hora da concepção os pais passem a fazer o ritual da educação do coração, da mente e da alma. E que continuem a fazê-lo. Aí então, o homem compreenderá seu potencial de transformar-se num filho de Deus.

O Arcanjo Jofiel está preocupado especificamente com a condição deplorável da educação nos Estados Unidos. Seus anjos são incansáveis na batalha contra a ignorância, a densidade e a mediocridade mental na medida em que estas afetam a mente dos educadores e dos estudantes e rebaixam o padrão das instituições de ensino. Ele diz que essas atitudes negativas "diminuem o vigor das qualidades do Cristo que, por direito e herança, pertencem aos filhos do Sol".

O chamado feito a Jofiel e suas legiões exige resposta. Essa é a lei de Deus. Os anjos foram criados por Ele para cuidar de nós. Quando os invocamos e o chamado está de acordo com a vontade de Deus, eles são obrigados a responder e a nos ajudar. Nem sempre recebemos uma resposta óbvia, mas descobrimos que, de diferentes maneiras, o que pedimos chega até nós.

Diz a Arquéia Cristina: "Invocai-me para que eu interceda em vosso favor, junto ao Cristo Cósmico, para que sejam liberados métodos avançados de ensino para pais, professores e responsáveis pela juventude. Rezai para que os Instrutores Mundiais e os hierarcas da iluminação possam liberar para os instrutores de todas as áreas, assim como para vós mesmos, métodos novos e avançados de ensino sobre todos os assuntos. Nós liberamos métodos através de Maria Montessori e muitos outros educadores. Podemos liberar muito mais para aqueles que escutarem."

Jofiel ensina como comungar com a mente de Deus e experimentar o autoconhecimento. Os anjos da sabedoria estão prontos e esperando para, a um sinal seu, ajudá-lo a absorver os elementos da mente de Deus.

O Arcanjo Jofiel uma vez comentou: "Sabíeis que uma mente transformada pela mente do Cristo pode servir como catalisador para a iluminação de toda uma raça, um continente, um lar planetário?" É isso que o Cristo encarnado e o Buda encarnado podem fazer.

Como disse Paulo: "De sorte que haja em vós o mesmo sentimento que houve em Cristo Jesus."* O próprio Paulo testemunhou a mente de Jesus Cristo, que expressava a mente de Deus. Muitos cristãos não acreditam que podem ser como Jesus. Ele foi e é o maior rabi que já existiu. Hoje ele lhe diz que você pode ter a mente do Cristo, que pode ter a mente do Buda, que pode ter a mente de Deus.

---

* Fp 2,5. (*N. da T.*)

Ele garante que você pode ter essa mente! Mas se você não acredita nisso, se aceitou a mentira de Satanás, que diz que você é um pecador condenado e não tem o direito de andar e falar com Jesus como amigo, irmão e rabi, sua auto-avaliação o privará de ter aquela mente.

Jesus diz hoje o que disse há 2 mil anos: "Tudo o que fiz podeis fazer. Podeis fazer tudo o que fiz e mais, porque através do Santo Cristo Pessoal tendes a mesma conexão que tenho com Deus." E, conforme registro nas Escrituras, eis o que Jesus disse: "... aquele que crê em mim também fará as obras que eu faço. E as fará maiores do que estas, porque eu vou para o Pai."[11] Os anjos da iluminação certamente trabalham sob o comando de Jesus Cristo e, portanto, quando procuramos nos conectar com o Eu Superior, procuramos nos conectar com Jesus porque ele é a encarnação plena do Eu Superior.

Convido-o a fazer agora um chamado destinado a sua iluminação e seu plano divino nesta vida.

Invocação

Amado Jesus, viemos até vós com o coração incendiado pelo vosso amor por nós e por todo o mundo. Oramos por todos na Terra e nos sistemas planetários mais distantes para que possais ativar a mente de Deus, neles e em cada um de nós, e mostrar o caminho do nosso plano divino e a senda para superarmos todas as nossas imperfeições. Seguiremos os Vossos passos, ó Senhor. Envia Vossas 12 legiões de anjos vindos do coração do Pai para nos assistir nesta hora de transição na Terra. [Inclua aqui suas preces pessoais.]

Uma Prece pela Juventude

Todos nós conhecemos a carga que os jovens de hoje carregam, desde os pequeninos até os que freqüentam o ensino superior. Eles enfrentam desafios que nunca precisamos enfrentar. Por isso gostaria de convidá-lo a fazer comigo o mantra intitulado "Protege a nossa juventude". Pense em todas as crianças que fazem parte do seu núcleo familiar e que lhe são próximas. Pense nas crianças da comunidade, da cidade, nas crianças de todo o mundo. Ofereça a Deus essa prece profunda e coloque nela o desejo intenso do seu coração para que as crianças sejam educadas segundo o Eu Verdadeiro e sua senda verdadeira.

Amado Pai Celestial! Amado Pai Celestial!
Amado Pai Celestial!
Nossa juventude comande nesta hora!
Que o raio da Oportunidade irrompa agora!
Transmita o poder da Perfeição,
A inteligência cósmica em expansão!
Seu plano divino protege e indica,
O propósito divino intensifica!
EU SOU! EU SOU! EU SOU
Da Luz infinito e grande poder
Que os jovens vai envolver,
Prova cósmica revelada,
Aceitável, perfeita e confirmada,
O poder da Grande Luz hoje eu infundo,
A toda a criança e homem-criança
Da América, do Brasil, de todo o mundo!
Amado EU SOU! Amado EU SOU! Amado EU SOU!

Quando se sentir exausto e não souber o que fazer ou a quem recorrer porque as crianças a quem você ama estão muito sobrecarregadas e, quem sabe, trilhando um caminho que não parece ser o correto, pare por um instante e faça esse mantra três ou nove vezes. Com todo o amor do coração, invoque Jofiel e Cristina ou qualquer um dos sete arcanjos. Invoque Deus, o coração de Jesus, Kuthumi e Gautama, abra o seu coração para Deus e veja o retorno que você receberá por intermédio de Seus anjos assistentes.

A História de Carole

Em dezembro de 1992, o *Ladies' Home Journal* publicou a história de um ser celestial que ajudou uma mulher a contatar a mente de Deus através do Eu Superior. Carole estava em casa com as duas filhas quando a menor, Allison, desmaiou. Allison não conseguia respirar e seus lábios estavam ficando roxos por falta de oxigênio. Carole pegou a criança e correu pelo corredor gritando:

— Alguém pode me ajudar?

Normalmente havia vizinhos por perto e Carole estava desesperada para encontrar alguém habilitado em primeiros socorros, mas ninguém atendeu seus gritos.

Uma calma profunda envolveu-a de repente. "Relaxe", ela disse a si mesma. "No ano passado você assistiu a uma aula sobre primeiros socorros a crianças. Você sabe o que fazer."

Carole acomodou a menina e começou a fazer respiração boca-a-boca. A criança reagiu rapidamente e o sentimento de terror de Carole desapareceu. "Alguma coisa assumiu o comando", ela disse, "e foi quase como se eu tivesse saído de mim mesma. Eu me via fazendo o que precisava ser feito".

Mais tarde, quando a criança dormia tranqüilamente, a filha de 3 anos de Carole subiu em seu colo e disse:

— Mamãe, quem era aquele homem que colocou a mão no seu ombro?

Carole perguntou:

— Que homem?

— O homem que colocou a mão no seu ombro enquanto você ajudava Allison a respirar.[12]

O testemunho da criança fala de um ajudante identificado como homem e não como anjo, o que nos faz presumir que ele poderia ser um mestre ascenso ou o Santo Cristo Pessoal de Carole — que consideramos nosso anjo da guarda mais importante. Digo isso porque as crianças sabem que os anjos têm asas e os homens não, e a criança identificou-o como um homem. Penso que, quando Carole diz que alguma coisa assumira o controle e que ela saíra de si, está descrevendo a proteção da Presença, do anjo mais importante que expressa a mente de Deus.

A Prece de Lanto

A prece de Lanto é um decreto maravilhoso que dá acesso à Mente Superior. Ela combina tradições do Oriente e do Ocidente e, em tempos de necessidade, é uma prece muito poderosa.

Em nome de Deus Todo-Poderoso,
Eu estou aqui para desafiar a noite,
Para elevar a Luz,
Para ser um foco da consciência de Gautama
Buda!
EU SOU a chama do lótus de mil pétalas!
E venho levá-la em seu nome!

Estou com a Vida nesta hora,
Empunhando com firmeza o cetro do Poder
Crístico,
Para desafiar as trevas,
Para fazer brilhar a Luz,
Para trazer de alturas estelares
A consciência de anjos,
Mestres, Elohim, centros solares.
E de toda a Vida
Que é a Presença do EU SOU de cada um!
Peço a Vitória em nome de Deus.
Peço a Luz da Chama Solar.
Peço a Luz! EU SOU a Luz!
EU SOU a Vitória! EU SOU a Vitória! EU SOU
a Vitória!
Para a Mãe Divina e para o Divino Varão,
E para elevar a coroa da Vida
E os 12 focos estelares
Que se regozijam ao ver a salvação do nosso
Deus
Manifestar-se na minha coroa,
Em pleno centro do Sol
De Alfa — está consumado!

A Autocondenação e a Lei das Oitavas

O Arcanjo Jofiel diz que se você quer estar no controle da própria vida, precisa acessar a mente crística. Para fazê-lo, é preciso trilhar a senda da imitação do Cristo. Quando você fala coisas que sabe que Jesus não falaria, está longe, muito longe do Santo Cristo Pessoal, assim como de Jesus Cristo. A Presença Crística não se aproxima da discórdia humana; ela se eleva às oitavas celestiais de harmonia espiritual.

Quando Pedro não estava na vibração correta, Jesus o repreendia dizendo: "Afastai-vos de mim. Não provastes as coisas que são de Deus, mas as coisas que são dos homens." Ele estava dizendo a Pedro: "Em vibração estais afastado de mim. Portanto, afasta-te de mim até que corrijais vossa vibração."

Com um coração puro e penitente, por meio da prece e dos decretos de chama violeta, você pode restabelecer a sua harmonia usando a chama do perdão e da bondade amorosa, que será compartilhada com todos. Assim procedendo, a Presença Crística novamente se aproximará de você. Não condene a si mesmo quando cometer um erro ou ficar irritado. A condenação também não tem uma vibração boa. Você afasta a Presença Crística quando condena a si mesmo, e não há nada produtivo na autocondenação. Portanto, erga-se, reconheça que fez algo errado, faça algo certo para corrigi-lo e siga adiante com sua vida.

São os anjos caídos que nos importunam com a autocondenação, em alguns casos todos os dias de nossa vida. Isso é totalmente desnecessário. Pais autoritários às vezes inculcam a falta de valor próprio que faz com que condenemos a nós mesmos. Precisamos deixar isso de lado e levar a vida adiante porque sabemos que Deus em nós é real.

Esta é a lei das oitavas: assim como as águas procuram o próprio nível, também anjos e mestres gravitam para os reinos superiores. Para acompanhá-los, você precisa acelerar a consciência até o nível deles, por meio da prece e da meditação. Essa é a chave para entrar em contato com o Eu Superior e os anjos ajudam-no a fazê-lo. O amor é a chave. A harmonia é a chave. A paz é a chave. A compreensão é a chave.

Pelo mesmo processo você poderá atrair o Eu Superior, os anjos e os mestres ascensos para seu nível, desde que com suas devoções tenha consagrado novamente o coração, a alma e a aura.

Imitando o Cristo

O Arcanjo Jofiel e a Arquéia Esperança nos aconselham a "seguir a senda da imitação do Cristo. Falai como se soubésseis como falava o Cristo ou como acreditais que ele falaria: com amor, mas com firmeza; com rigor quando necessário; com a devida misericórdia; com suavidade quando necessário; com a intensidade do fogo sagrado quando fordes despertar uma alma que não está desperta... Falai como o Cristo falaria e o Cristo falará por vosso intermédio... Pensai como o Cristo pensaria e o Cristo pensará por vosso intermédio e a mente de Deus entrará em harmonia com o instrumento físico. Não haverá separação, pois duas coisas iguais a uma terceira são iguais entre si: *um* Cristo, *um* Senhor, *uma* manifestação em vosso templo!".

Muitos conhecem o clássico de Thomas A. Kempis *Imitação de Cristo*. É um livro que deve estar sempre em sua cabeceira, junto com a Bíblia. Leia uma página ou duas por dia e você se manterá em harmonia com a Senda tão maravilhosamente descrita por esse santo.

Os Instrutores Mundiais — Jesus e Kuthumi — ditaram o livro *Universidade do Espírito*, que faz uma interpretação aprofundada dos princípios e das doutrinas cristãs e ajuda a fazer a transição das escrituras e da doutrina para uma consciência mais universal da senda da cristicidade pessoal. O livro conta também com uma seção importante sobre o pecado — vendo através dele e superando-o. É um maravilhoso livro que fala sobre a nossa senda.

O Arcanjo Jofiel e Cristina ensinam como invocar suas inúmeras legiões de anjos para ajudá-lo nos pequenos detalhes da vida pessoal e até nas situações de crise — nacional e internacional. Não subestime o que os anjos podem fazer por você. Coloque-os à prova!

Um de meus alunos contou-me como os anjos e os seres da natureza o ajudaram quando, enquanto viajava, teve um problema com o carro. Ele e alguns companheiros de estudos retornavam para casa depois de um de meus seminários e o carro aqueceu demasiadamente. Nenhum deles tinha dinheiro extra para o conserto, por isso rezaram fervorosamente pedindo ajuda celestial. Todas as vezes que o marcador avançava mostrando que o carro estava aquecendo, eles faziam chamados intensos aos anjos e aos espíritos da natureza. Meu aluno pediu a todos que visualizassem neve, gelo e riachos cristalinos das montanhas ao redor do motor. Diz ele que a toda hora o marcador recuava, indicando que a temperatura voltara ao normal. Eles chegaram ao destino literalmente "sobre asas e preces".

Esse é um testemunho importante sobre o poder da Palavra e da intercessão dos auxiliares celestiais. Vimos que a visualização e a simulação são muito importantes. Seja qual for a necessidade, é preciso colocar toda a atenção e concentração na forma-pensamento.

Por que Precisamos Pedir Ajuda aos Anjos

Quando em nome de Deus ou de Jesus Cristo você invoca um arcanjo, pela lei cósmica ele é obrigado a ajudá-lo. Como eu disse, os arcanjos executam suas ordens desde que os pedidos estejam de acordo com a vontade de Deus e enquanto você se submeter Àquela vontade.

Eis um exemplo de prece que você pode fazer para os arcanjos:

> Amados Arcanjo Jofiel e Cristina, peço-vos que coloqueis a mente de Deus em todo homem, mulher e criança deste planeta para que possamos

ver, conhecer e ser a Verdade vivificante; para que os líderes façam uso da verdadeira liderança e para que cheguem à correta resolução de todos os problemas que enfrentam os governos das nações. Arcanjo Jofiel e Cristina, nós os invocamos e aceitamos que, em resposta ao nosso chamado, isso se realize agora, com todo poder.

Quando você faz um chamado assim para o Arcanjo Jofiel e Cristina, aceite o fato de que eles lhe responderão imediatamente. Neste nosso caso, aceito que colocaram a mente de Deus em cada uma das pessoas no planeta. Depois do chamado, vem o livre-arbítrio. Algumas pessoas aceitarão aquela mente e serão curadas por ela. Outras a rejeitarão, consciente ou inconscientemente.

Por que fazemos chamados? Por que precisamos invocar os anjos? Por que eles simplesmente não nos ajudam sem precisarmos fazer as preces e dar-lhes orientação? O núcleo da questão é que temos livre-arbítrio. Saímos dos reinos de perfeição, entramos no Jardim do Éden — que é a Escola de Mistério de Maitreya — e dissemos para Deus: "Não estamos contentes vivendo segundo a Sua vontade. Durante um período — que se transformou em muitos milhares de anos — vamos experimentar o livre-arbítrio que nos destes no Princípio."

Então Deus nos deu este universo físico, este lar planetário — e outros lares da mesma natureza — para testarmos nossa habilidade de usarmos o livre-arbítrio. Ele também fez um pacto conosco, e disse: "Viveis agora num reino inferior; esse é o vosso reino. Escolhestes dirigi-lo e, por isso, os anjos não interferirão em vosso livre-arbítrio a menos que o soliciteis, se fizerdes o chamado em vosso altar e se aceitardes a vontade de Deus."

É por isso que os anjos não cuidam de tudo, não impedem que acidentes, calamidades, guerras e incêndios aconteçam; não impedem que as crianças morram e todo esse tipo de acontecimentos.

Muitas pessoas usam a lógica do "Por que Deus não acaba com tudo isso?" como argumento para estarem constantemente zangadas com Ele. Elas não entendem o carma e a reencarnação. Não compreendem que estamos colhendo nosso carma. Não compreendem que optamos pela liberdade. Queremos a liberdade mais do que qualquer coisa e, se aceitarmos a vontade de Deus em nossa vida... Calma lá! Talvez tenhamos de pensar um pouco sobre isso e ver se haverá uma intervenção em nossos planos.

Muitas pessoas têm medo da vontade de Deus. Esta poderia mudar a vida delas e elas se sentem muito confortáveis onde estão agora. Está tudo bem, mais ou menos em equilíbrio etc.

Mas Deus não quer que sejamos Seus robôs. Ele nos favoreceu com Sua chama. Colocou Sua imagem, na forma de *atman*, em nossos corações. Deu-nos a Presença do EU SOU que está sempre conosco. Deu-nos a Presença Crística ou a Búdica. Deu-nos todas as coisas com base no livre-arbítrio. Temos livre-arbítrio para destruir a chama trina — a centelha divina. Podemos extingui-la quando sentimos uma tremenda e profunda raiva de Deus. Você pode destruir a chama trina, mas, de repente, o templo fica escuro; não há luz interior.

Fazemos preces a Deus porque queremos retornar ao tempo anterior à nossa saída da presença Dele. Por tanto tempo colidimos e fracassamos aqui e ali, que finalmente chegamos à conclusão — alguns de nós pelo menos — que é inútil tentarmos usar o livre-arbítrio à nossa maneira porque, cedo ou tarde, as coisas não darão certo.

É aí que você decide experimentar a vontade de Deus e invocá-la diariamente para a sua vida. Decide oferecer a Deus a prece que afirma que você irá aonde quer que a vontade Dele o leve. Você seguirá aquela vontade por onde for e manterá o ouvido atento para obedecer à voz interior de Deus. É maravilhoso manter esse relacionamento com os anjos e com Deus.

Por estarmos num reino inferior, se quisermos uma intercessão, se quisermos a Presença Divina em nossa vida, precisamos orar para obtê-la. E quando o fazemos, precisamos ser sinceros e aceitar a resposta.

Potencialize os Seus Chamados

Estamos falando sobre como orar a Deus e aos anjos porque, por sermos filhos e filhas de Deus, podemos dar instruções aos anjos. Na prece que acabei de fazer, incluí chamados abrangentes e, por ordem do meu coração e da minha Presença Crística, dei autoridade aos anjos para colocarem a mente de Deus em todo homem, mulher e criança neste planeta. E eles o farão. É uma missão importante e serão necessários milhões de anjos para executá-la. Porque zelam por nós, a idéia é mantê-los ocupados. Eles querem nos ajudar. Querem executar as obras de Deus.

Precisamos fazer chamados diários. Ao ver um acidente, invoque os anjos para que imediatamente assumam o controle. Mas não pare por aí. Potencialize o chamado dizendo: "Além disso, amados anjos, supervisionem hoje no planeta todo acidente e situação em que a vida de alguém esteja em perigo."

São só alguns poucos segundos a mais para fazer isso, mas você recrutará milhões de anjos e lhes dará autorização para agir. Milhões de pessoas não sabem como podem pedir a intercessão dos anjos. Ao agir assim, você oferece preces em favor de muitas pessoas que estão sofrendo e que ainda não conhecem esse ensinamento específico sobre intercessão.

Você confronta o livre-arbítrio das pessoas quando faz o chamado que potencializa a ação, e os anjos a realizam. Se alguém a quem foi dada uma porção da mente de Deus diz "Eu não quero essa mente; ela está interferindo na minha vida", a mente é simplesmente retirada, pois os anjos jamais interferem no livre-arbítrio.

A Capacidade da Mente

Conta-nos a Arquéia Cristina que não somos limitados, em absoluto, àquele que é considerado o padrão da capacidade mental. Ela diz que sofremos uma lavagem cerebral para que acreditemos que somente uns poucos privilegiados possam ter um intelecto superior. É uma tragédia, diz ela, as pessoas limitarem a capacidade mental das crianças ao teste de Q.I. Os anjos da iluminação não podem dotar a mente das pessoas que aceitam essa limitação no desenvolvimento do cérebro com a capacidade da Mente Superior, da Mente Crística.

Por quê? Porque, embora a matéria que constitui o cérebro reaja, a consciência humana, que tem a percepção limitada, não o faz. Graças às suas convicções, a consciência humana encobre a própria capacidade inteligível. Diz a Arquéia Cristina que, quando isso acontece, a consciência humana não é uma porta aberta. As pessoas não acreditam que, uma vez adultas, possam aumentar de fato a capacidade mental. A consciência humana não a identifica e, portanto, não a recebe.

Cristina diz que as pessoas usam somente um décimo da capacidade mental, mas isso pode mudar quando você invoca os anjos da sabedoria e da iluminação para que eles ajudem a você e a toda população do planeta Terra a elevar-se. Sim, elevar-se em direção à Consciência Superior.

Cristina diz que a chama dourada da iluminação tem o poder de moldar o cérebro, de elevá-lo a níveis nos quais você aumentará gradualmente o uso de sua capacidade até chegar a cem por cento da matéria-prima que você tinha quando nasceu! Pense nisso!

O Encontro de um Comunista com um Anjo

Quero contar-lhes a história do encontro que um jovem líder comunista teve, certa vez, com um anjo que poderia ser um anjo da sabedoria. O jovem era Sergei Kourdakov, nascido em março de 1951, na antiga União Soviética. Sergei perdeu os pais ainda criança e a partir dos 6 anos viveu em orfanatos administrados pelo Estado. Aos 7 anos, tornou-se ativo nas organizações de jovens comunistas. Em seu livro, *The Persecutor*, ele diz ter freqüentado aulas nas quais o professor dizia: "Bom-dia, crianças! Como vocês estão hoje? Lembrem-se de que Deus não existe."[13]

Quando chegou à adolescência, já estava completamente doutrinado nos princípios marxistas-leninistas. As excepcionais habilidades de liderança de Sergei rapidamente chamaram a atenção do KGB. Aos 18 anos, foi escolhido para um trabalho especial da polícia, que consistia em invadir reuniões cristãs de oração, bater e prender os supostos fiéis. Num período de dois anos, Sergei liderou mais de 150 invasões.

Em sua última incursão, ele passou por uma experiência que mudara sua vida completamente. Ele descobriu uma mulher idosa que rezava fervorosamente pelo perdão e pela conversão de seus agressores. Quando abaixou o cassetete para bater nela, alguém o impediu segurando-lhe o pulso tão fortemente que lhe causou dor. Ele virou-se com a intenção de acertar quem o estava detendo, mas não viu ninguém. Sergei ficou tão abalado que soltou o cassetete e deixou o local aos gritos.

Em seu livro, Sergei não tenta identificar a presença invisível que o deteve. Ele nunca mais perseguiu os cristãos. Em 1971, fugiu de um navio de guerra russo e foi para o Canadá. Devotou a nova vida para revelar a difícil situação dos cristãos russos, até 1973, quando foi acidentalmente morto com um tiro. Tinha 21 anos.

Essa é uma história surpreendente. Conheço o poder do braço repressor de Deus, vi-O agir em pessoas que estavam no último estágio da raiva. Eu as vi ficarem impotentes na presença de um anjo. É maravilhoso sentir o poder de um anjo que o impede de movimentar-se e sentir que o ato é real e físico.

Quero convidá-lo a fazer comigo uma afirmação para Hélios e Vesta — as chamas gêmeas no coração do sol espiritual que fica atrás do sol do nosso sistema solar.

Peço a Deus pela conversão de todos os corações que se afastaram Dele influenciados por sistemas e ideologias malévolos e pelos falsos ensinamentos. Peço que todo coração na Terra se volte para Deus, abandone as trevas e caminhe para o centro do sol do ser. Por favor, faça suas preces pessoais da maneira que lhe for mais agradável.

Hélios e Vesta!
Hélios e Vesta!
Hélios e Vesta!
Que a Luz flua em meu ser!
Que a Luz se expanda no centro do meu coração!
Que a Luz se expanda no centro da Terra!
E que a Terra seja transformada no Novo Dia!

Jofiel Desmascara a Nicotina

A seguir, dar-lhe-ei um exemplo extraordinário do que pode acontecer quando um arcanjo como Jofiel emite um decreto e nós respondemos e trabalhamos em parceria com os anjos. Essa foi a maior revelação que o arcanjo trouxe para os Estados Unidos, em 1963.

Em 1963, Jofiel falou por intermédio de meu falecido marido e instrutor, Mark L. Prophet, que era também minha chama gêmea, e contou-nos que a nicotina afeta o funcionamento do cérebro, do coração, dos pulmões e do sistema nervoso central. Ele disse que, se as pessoas deixassem o hábito de fumar, receberiam um grande fluxo de iluminação espiritual. Após o pronunciamento, aconteceu na América a maior reviravolta no consumo dos cigarros.

Em 1988, o Escritório do Cirurgião-Geral — porta-voz do Departamento de Saúde e Serviços Humanos dos Estados Unidos — fez publicar um relatório sobre as conseqüências do fumo para saúde que dizia: "A longo prazo, a exposição dos usuários à nicotina é significativa e afeta vários sistemas orgânicos. [...] A nicotina que entra no sangue é rapidamente enviada para o cérebro. [...] Uma vez no cérebro, ela... altera o metabolismo da energia cerebral. [...] A nicotina e o fumo afetam quase todos os componentes dos sistemas endócrino e neuroendócrino... Com o uso regular, os níveis de nicotina aumentam no corpo durante o dia e persistem noite adentro. Por isso, os que fazem uso diário do tabaco estão expostos aos efeitos da nicotina 24 horas por dia.[14]

Como vocês sabem, o fumo é a causa número um das mortes nos Estados Unidos e a primeira que pode ser evitada. Aqui, todos os anos, mais de 400 mil mortes estão ligadas ao fumo. Esse número é maior que a soma das mortes provocadas pelo álcool e por outras substâncias.

Na fumaça do cigarro existem aproximadamente 4 mil substâncias químicas. Pelo menos 40 delas são carcinógenos conhecidos. O fumo aumenta a incidência de doenças do coração, assim como do câncer de pulmão, laringe, esôfago, bexiga, pâncreas e rins. Fumar durante a gravidez aumenta os riscos de aborto espontâneo e de mortalidade infantil. Ex-fumantes que também faziam uso de outras drogas dizem que é mais difícil abandonar o vício do cigarro do que o da heroína ou o do álcool.

Em 1963, Jofiel anunciou que, no devido tempo, os Senhores do Carma tomariam uma atitude contra os que comercializam o tabaco e a nicotina, provocando a morte prematura de milhões. Ele disse que a lei do carma exigiria que as indústrias do fumo pagassem até o último centavo pelo peso que impuseram à juventude da América e do mundo ao estimularem o hábito de fumar.

O Arcanjo Jofiel falou diretamente aos viciados em nicotina e disse-lhes que ela cria uma densidade no cérebro que impede que a inteligência divina se expanda pelos seus compartimentos. Disse que, quando as pessoas abandonam o hábito de fumar, percebem que o fluxo da iluminação espiritual aumenta, tanto no cérebro quanto no sistema nervoso central.

Disse ainda que os senhores da indústria do fumo venderam suas almas por muito pouco e terão de reencarnar para equilibrar cada átomo de seus carmas.[15]

Jofiel disse também que "a Grande Lei assim exige e que ninguém pense que eles poderão escapar. Não é objetivo da lei do carma permitir que eles escapem até que tenham pago até o último centavo do que impuseram à juventude da América e do mundo, criando esses hábitos cruéis e perniciosos que adulteram a consciência e desvirtuam o poder da Grande Chama de Deus na sua ação através do campo de força da humanidade."[16]

Hoje, com base em todos os estudos que fizemos de Jofiel, entendemos por que ele estava tão preocupado: não é possível viabilizar a iluminação das pessoas quando seus cérebros estão recobertos de nicotina e das 4 mil substâncias químicas que existem na fumaça do cigarro. Seus cérebros não mais recebem a luz. Jofiel vê pessoas que têm luz, que são servidoras da Luz e que, mesmo assim, estão tão dominadas pelo vício que, nesta vida, ele não mais conseguirá influenciá-las efetivamente, dada a ação do tabaco e da nicotina em seus cérebros. Por isso esse arcanjo decidiu tomar essa cruzada para si e seus anjos.

O Resultado da Cruzada de Jofiel

Como resultado da mensagem de Jofiel, o fumo passou a ser investigado pelo governo americano. Quatro meses após o pronunciamento, o Public Health Service — principal órgão de saúde pública dos Estados Unidos — publicou um relatório que ligava o fumo ao câncer. O governo federal também passou a restringir a propaganda da indústria do fumo. Em 1965, a legislação federal exigiu que qualquer propaganda e qualquer embalagem de cigarro estampassem uma advertência do Escritório do Cirurgião-Geral sobre os efeitos do fumo sobre a saúde. Em 1970, a lei federal proibiu todo tipo de propaganda de cigarro na televisão e no rádio. Em 1987, o fumo foi proibido nos vôos domésticos com até duas horas de duração. Em 1990, a proibição foi estendida a todos os vôos domésticos.

Em 24 de junho de 1992, a Suprema Corte decidiu que as tarjas de advertência que aparecem nos maços e nas propagandas de cigarro não impediam a indústria do fumo de ser processada. Hoje, os fumantes que se sentirem prejudicados podem processar as indústrias de cigarro por ocultar ou falsificar dados científicos e médicos sobre os riscos que o fumo causa à saúde. As pessoas também podem processar as fabricantes de cigarros por conspirarem com o objetivo de adulterar ou ocultar dados.

Em 1992, houve novo avanço na batalha contra a nicotina: o adesivo antifumo. Os adesivos ajudam algumas pessoas a abandonar o vício, embora não tratem seu aspecto psicológico, que pode ser a parte mais difícil quando alguém deixa de fumar.

Em janeiro de 1993, o Departamento de Proteção Ambiental informou que a fumaça expelida pelos fumantes e que sai do cigarro, do cachimbo ou do charuto enquanto queimam é um carcinógeno que a cada ano mata de câncer de pulmão cerca de 3 mil não-fumantes. O relatório também declara que aspirar essa fumaça aumenta o risco de pneumonia e de bronquite e, nas crianças, de doenças no tímpano. Nas crianças aumenta também a intensidade e a freqüência das crises de asma. Em 1997 um importante estudo realizado com mais de 32 mil mulheres descobriu que a constante exposição a esse tipo de fumaça quase dobra o risco de ataques cardíacos.

O porta-voz da maior organização antifumo disse que as conclusões do Departamento de Proteção Ambiental provavelmente "motivariam os governos estaduais e locais a promulgarem outras regras restringindo ainda mais o fumo em lugares públicos". E isso vem mesmo acontecendo em muitas cidades e estados.

O decreto do Arcanjo Jofiel foi uma concessão aos Estados Unidos da América porque, durante o século XX, o povo dessa nação, mais do que qualquer outro, já havia aprendido a pedir a intercessão dos anjos, dos arcanjos e dos mestres ascensos.

Esse é um exemplo importante de uma profecia que se realizou e da genuína manifestação física do trabalho dos anjos em nosso meio. Mostra o que os anjos podem fazer quando têm o apoio das pessoas, da pesquisa científica e da força da prece mundial a dar-lhes respaldo.

E esta é a chave: você precisa cooperar com os anjos para executar as tarefas que precisamos realizar nas cidades. Você tem livre-arbítrio. Pode convidá-los a participar ou excluí-los. A maioria os exclui por negligência, por gastar cada minuto disponível andando de lá para cá, em vez de usá-los para fazer um decreto pedindo aos anjos que salvem a juventude.

Em 1955, 42 por cento dos americanos fumavam. Hoje são 25 por cento. Os filmes dos anos 1930, 1940 e 1950 mostravam que fumar estava muito na moda. Todas as grandes estrelas do cinema tinham um cigarro pendurado à boca. Isso não acontece mais! Os americanos conscientizaram-se dos problemas associados ao vício do fumo e os anjos libertaram milhões deles desse hábito desagradável.

Ainda assim, os noticiários dão conta de que principalmente no Leste Europeu, na antiga União Soviética e no Oriente muitos ainda fumam maços e mais maços de cigarro. Isso mostra o poder da Providência Divina quando liberada por um dos sete arcanjos e quando colaboramos com ela. A batalha, entretanto, está apenas começando.

A Nicotina e a Juventude

Os anjos rebeldes encarnados — que são espiritualmente perversos e ocupam os cargos elevados de poder — estão indignados porque foram desafiados pelo Arcanjo Jofiel e por aqueles que o apóiam. Durante anos eles circularam entre nós procurando almas inocentes às quais pudessem destruir com a ajuda dos demônios da nicotina. Agora, em busca de vingança, eles se voltaram contra nossas crianças. Estudos de mercado mostram que muitos fumantes, agora adultos, foram fisgados antes dos 18 anos. Muitas pessoas acreditam que certas companhias de cigarros têm os menores de idade como alvo específico de suas campanhas publicitárias.

Por exemplo: em 1988, a R. J. Reynolds apresentou o personagem de desenho animado *Old Camel Joe.* Desde então, a venda do cigarro *Camel* para menores cresceu de estimados 6 milhões de dólares ao ano, antes das propagandas terem início, para 476 milhões de dólares, em 1991, apesar da venda de cigarros para menores ser considerada ilegal em 46 estados nos EUA. Em 1997, após uma denúncia pública de propaganda inadequada e anos de indignação geral, a R. J. Reynolds voltou a usar *Camel* Joe nas propagandas da companhia. Em 1996, a Food and Drug Administration (FDA) — agência governamental americana que regula e fiscaliza a fabricação de comestíveis, drogas e cosméticos — publicou uma nova lista de restrições à venda e à propaganda dos cigarros para menores. Segundo a lista, a propaganda de cigarros só poderia ser veiculada a partir de uma distância de 305m das escolas e dos parques.

A batalha, entretanto, ainda não foi vencida. Em março de 2000, a Suprema Corte tomou uma decisão a favor da indústria do cigarro e contra a FDA. Ela alegou que a agência não tinha autoridade para regulamentar a indústria dos cigarros, como vinha fazendo desde 1996. As regulamentações da agência incluíam assuntos como a restrição à comercialização e à propaganda de cigarros para crianças e adolescentes. O Congresso está examinando a situação.

O Julgamento da Indústria Mundial de Cigarros

Em 1987, o Arcanjo Jofiel anunciou o julgamento da indústria mundial de cigarros, e estamos vendo os resultados. Em janeiro de 1990, o Canadá proibiu todas as formas de propaganda impressa de cigarros e exigiu que os fabricantes retirassem paulatinamente, até 1993, todas elas dos estabelecimentos comerciais e dos outdoors. As leis antifumo do Canadá estão entre as mais restritivas do mundo.

Na França, em novembro de 1992 entrou em vigor uma legislação que proibia o fumo em locais públicos — ambientes de trabalho, cafés, metrô etc. —, exceção feita às áreas reservadas especificamente a isso. Os que não respeitavam a lei podiam receber multas que chegavam a 260 francos. Os donos de cafés, restaurantes e hotéis podiam ser multados em até 1.200 francos se não cumprissem a lei. A França estabeleceu as mais rígidas leis antifumo na Europa.

Outras nações européias não ficaram atrás. Também aprovaram várias leis que, até certo ponto, proíbem o fumo em lugares como aeroportos, transportes públicos, restaurantes e locais de trabalho.

Na América Latina, a venda de cigarros caiu 11 por cento entre 1990 e 1995. Em 1999, os governos da Guatemala, da Nicarágua e do Panamá entraram com processos contra as companhias de cigarros em cortes americanas.

Entretanto, em algumas regiões do mundo, especialmente onde as companhias de cigarros fazem propaganda maciça de seus produtos, o consumo do cigarro está aumentando. Por exemplo, no Oriente Médio a venda de cigarros cresceu quase 18 por cento entre 1990 e 1995. No mesmo período, no Oriente, elas cresceram oito por cento e, no Leste Europeu, quase seis por cento.

A Entidade do Tabaco

Para que o julgamento de Jofiel se cumpra na América e no mundo, podemos fazer preces e chamados pedindo aos anjos que atem a entidade do tabaco e da nicotina. Devemos dirigir os decretos especificamente para a proteção das crianças, a fim de que seu desenvolvimento não seja inibido, e a vibração do tabaco e da nicotina não destrua para sempre a capacidade de seus cérebros serem cálices para a mente de Deus.

Quero mostrar-lhes agora a estampa dessa entidade. Em primeiro lugar, a entidade da nicotina não é um ser físico, e vive de sugar a energia vital do fumante. Essa entidade se parece com a *Manduca sexta*, a lagarta que causa desespero aos plantadores de tabaco.

Estamos falando de uma entidade desencarnada que fica no plano astral e ataca os indivíduos que fumam ou que são fumantes em potencial. Ela se enrosca no fumante inveterado como se fosse uma cobra.

Para fazer a prece, é importante saber o nome da entidade. Ela tem dois nomes — *Nicolus* (masculino) e *Nicola* (feminino) — porque tem uma polaridade masculina e uma feminina.

Essa entidade é a razão pela qual deixar de fumar é tão difícil. Ela se agarra mortalmente ao cérebro e ao sistema nervoso central e transmite à vítima o desejo que ela, a entidade, tem de nicotina. É esse desejo atuando por meio dos resíduos da nicotina no corpo que cria na pessoa o hábito de fumar. Além disso, os anjos caídos multiplicam a auto-sugestão que faz com que a vítima acredite que o desejo projetado pela entidade é dela, e não o resultado da ação de uma força maligna.

Existem então, dois problemas: um físico e um astral, ou psíquico. Acredito que é por isso que pessoas que foram viciadas em heroína, ou em outra substância pesada, afirmam que fumar cigarros é o hábito mais difícil de ser abandonado.

A Espada do Arcanjo Miguel

O Arcanjo Miguel deu-nos a oportunidade de usar sua espada para nos libertarmos dos ataques das entidades de baixa vibração do plano astral. Ele pediu que eu providenciasse espadas de aço e gravasse nelas o seu nome. Declarou que as espadas não deveriam ser afiadas para que não se tornassem perigosas. É uma pequena espada cerimonial, ligeiramente curvada na ponta, cujo uso foi abençoado pelo Arcanjo Miguel.

Alguns talvez saibam que, em seus escritos teosóficos, Helena Blavatsky fala sobre a faca de aço capaz de expulsar as entidades. Ela explica que o aço penetra o plano astral e secciona a entidade.[17] Portanto, se você conhece algum fumante inveterado, e mesmo que essa pessoa seja você, pegue a espada e trabalhe com ela a seu derredor. O Arcanjo Miguel disse que colocaria a própria espada de chama azul sobre cada uma das outras espadas.

Agora você conhece o mecanismo do vício do fumo e sabe que a lagarta do tabaco engorda um pouco mais cada vez que alguém fuma um cigarro. É possível perceber o tom acinzentado da entidade da nicotina espalhando-se pela pele do fumante.

Como Usar a Espada

Digamos que você queira utilizar a espada, ou uma faca de aço caso não tenha a espada, para purificar a si mesmo ou um amigo que esteja a sua frente. Quando trabalho com minha espada em alguém, peço-lhe que mantenha os braços junto ao corpo. Começo a fazer os decretos e movimento a espada como se estivesse cortando algo em volta da pessoa, usando movimentos deliberados, mas não bruscos ou irregulares.

Sempre segure a espada com firmeza para que ela não escape de sua mão e seja arremessada de maneira perigosa. O mais importante é decidir fazê-lo com a força da mente. Depois faça os movimentos cortantes com cuidado e precisão.

Os sete chakras e a coluna vertebral são pontos de conexão do corpo usados pelos demônios e pelas entidades indesejáveis. Os demônios que encorajam o vício também se conectam à base do cérebro e à parte posterior do pescoço. Por isso usamos a espada ao redor do corpo: na parte da frente, nas costas, na parte de trás do pescoço, dos lados, sobre a cabeça e ao redor de cada uma das pernas. Usamo-la também sob os pés — talvez você precise se apoiar em algo para poder levantar os pés. Se estiver trabalhando consigo mesmo, precisará trocar a mão para usar a espada também do outro lado.

É quase como se você visse a si mesmo, ou a outra pessoa, como uma árvore com raízes expostas. Em vez de entrarem chão adentro, as raízes sobem para todos os cantos do seu corpo. Na verdade, são essas as conexões que você irá cortar.

Enquanto trabalho, não deixo de fazer os poderosos chamados e decretos, tais como:

Invocação

Amado Arcanjo Miguel, liberte [inclua o nome]! Liberte-o pela espada de fogo azul. Descei raios de fogo azul do coração de Deus no Grande

Sol Central! Relâmpagos azuis, resplandecei! Relâmpagos azuis, resplandecei! Relâmpagos azuis, resplandecei!

Libertai a coluna vertebral! Raios de relâmpago azul, libertai o cérebro e o sistema nervoso central! Raios de relâmpago azul, libertai todos os pontos ao longo da coluna e os chakras em que a entidade do tabaco se estabeleceu. Relâmpagos azuis, resplandecei! Relâmpagos azuis, resplandecei!

Raios de relâmpago azul, descei! Raios de relâmpago, libertai-o! Raios de relâmpago, libertai-o! Raios de relâmpago, libertai-o!

Raios de relâmpago, libertai-o! Raios de relâmpago, libertai-o! Raios de relâmpago azul, libertai-o! Libertai-o!

É dessa maneira que usamos a espada ou a faca de aço em uma pessoa. Você também pode trabalhar com fotografias. Se alguém que você conhece e ama não deseja deixar o hábito de fumar, você pode ir até o altar e usar a espada, ou uma faca de aço, e trabalhar ao redor da fotografia daquela pessoa. Com a espada, perfure toda a foto fazendo o sinal-da-cruz.

Invoque continuamente o Arcanjo Miguel. Peça-lhe que coloque a presença dele sobre você e a espada de chama azul sobre a sua espada física. Depois disso, faça decretos e preces a ele. Você pode fazer a seguinte invocação: "Em nome da minha Poderosa Presença do EU SOU e do Santo Cristo Pessoal, do Arcanjo Miguel e das legiões de luz, libertai meu amado irmão [dizer o nome completo]." Continue fazendo os decretos.

Quando a espada corta a aura, corta a entidade do tabaco. Só essa ação já a corta em 20 pedaços diferentes. A seguir, peça aos anjos para que atem aqueles pedaços e que estes sejam consumidos pela chama violeta. Pode ser necessário fazer isso por uma pessoa viciada todos os dias. O vício pode estar relacionado a qualquer substância ou ao álcool. Estamos falando sobre a nicotina devido à ação de Jofiel.

Quando usamos a espada física, a espada de fogo azul do Arcanjo Miguel atua na mesma oitava. Eu visualizo e enxergo uma espada flamejante, que é como a espada de fogo azul do Arcanjo Miguel literalmente é. E o punho da espada é um poderoso feixe de fogo azul. Nós podemos libertar nossos entes queridos. Podemos libertá-los usando fotografias que colocamos no nosso altar pessoal.

Muitos têm entes queridos presos a situações que não os impulsionam para frente, mas os arrastam para trás. Esse é o método que você pode utilizar para ajudá-los. E quando usar a espada, você pode fazer decretos para o Arcanjo Miguel, como o "Proteção em Viagem" (ver página 113).

Temos uma fita cassete de 90 minutos com canções e decretos dedicados a ele — *Devotions, Decrees and Spirited Songs to Archangel Michael.* As canções são suaves e poderosas. Também as gravamos em um álbum e em um CD. O título é *Hail, Light Victorious*, e neles estão gravadas todas as canções do Arcanjo Miguel.

O Tubo de Luz

Precisamos do Arcanjo Miguel, nos dias atuais e nesta era. Precisamos de todos os poderosos arcanjos, e a espada é um recurso a mais para você se defender da subida do mar astral. O mar astral é o plano astral. É um nível de consciência na Terra que tem vibração inferior devido ao carma que as pessoas estão criando e ao que retorna para ser solucionado, o mundo está mais pesado e mais tenebroso. Vemos que as últimas pragas estão chegando ao planeta, como é o caso da Aids e de outras doenças. Por isso precisamos de mais proteção. Precisamos do tubo de luz e da proteção que o Arcanjo Miguel pode nos oferecer.

Há uma lei que diz que, quando você está na Senda, Deus não lhe dará mais luz do que você consegue proteger. Deus não quer lhe dar luz, que você perderá por não estar protegido. Você perde a luz quando fica preocupado, irritado ou mal-humorado, pois quando perde a harmonia, aparece um rasgo, um buraco na armadura áurica através do qual a luz se esvai. Por isso, Deus diz: "Só vos darei a quantidade de energia que tendes capacidade de proteger."

Não conseguimos nos proteger efetivamente; os anjos é que nos protegem. Por isso, uma maneira de começarmos a instituir a proteção é invocando o tubo de luz. Peça que ele o envolva assim como está reproduzido na Imagem do Seu Eu Divino (ver página 21). Depois, invoque o Arcanjo Miguel para que reforce a proteção colocando um cilindro de chama azul ao redor da parte exterior do tubo de luz. Em seguida, faça o mantra "Proteção em Viagem" ou outros decretos para o Arcanjo Miguel.

Você pode invocar o tubo de luz para todas as pessoas da família e para as que lhe são queridas. E por que não incrementar e invocar o tubo de luz (com a chama violeta no centro e a azul ao redor) para todo servo de Deus, toda pessoa positiva e todo portador de luz do planeta? Os arcanjos assumirão o comando, protegerão e salvarão a vida deles.

Tubo de Luz

Presença do EU SOU tão amada,
Sela-me no Tubo de Luz
Da chama dos mestres ascensos
Em nome de Deus agora invocada.
Que ele liberte o meu templo
De toda discórdia que me é enviada.

A chama violeta invoco agora
Para todo desejo consumir
E arder pela Liberdade
Até no seu fogo me fundir.

Proteção em Viagem

São Miguel à frente, São Miguel atrás,
São Miguel à direita, São Miguel à esquerda,
São Miguel acima, São Miguel abaixo,
São Miguel, São Miguel aonde quer que eu vá!

EU SOU o seu Amor, que protege aqui!
EU SOU o seu Amor, que protege aqui!
EU SOU o seu Amor, que protege aqui!

Os chamados de proteção são básicos e fundamentais quando você se mantém diligente na Senda e no desejo de acelerar e passar pelas iniciações dos *bodhisattvas* e dos budas.

Você pode fazê-lo nesta vida. Não há dúvida quanto a isso. Todos estão aptos a fazê-lo. Não é preciso ter mestrado, mas um coração puro e amoroso, um sentimento real de amor e de comunhão com os anjos e compreender que eles são nossos auxiliares e estão em todos os lugares.

A Alfabetização e a Era de Ouro

Quero mostrar-lhes o que pode acontecer quando um arcanjo libera uma espiral de luz para uma causa específica. Visto que Gautama Buda anunciou a chegada de reforço cósmico dos anjos do segundo raio, que se alternarão a cada década, agora é a hora de invocá-los pedindo iluminação e o aprimoramento do sistema educacional nas escolas.

Não haverá era de ouro na América, ou na Terra, se as pessoas não souberem ler e escrever. Se não conseguirmos ler, não poderemos entrar na era de ouro. E não poderemos entrar na era de ouro assistindo a televisão e filmes por horas a fio.

Precisamos saber ler para estarmos aptos a estudar a Senda e os ensinamentos dos grandes iluminados do Oriente e do Ocidente, para podermos seguir-lhe os passos. Não saber ler significa não estar apto para ultrapassar os limites da própria ignorância. E não agimos corretamente quando permitimos que as crianças passem de uma série para outra sem terem sido aprovadas nos testes escolares.

O Homem que se Surpreendeu

Preciso contar uma história. Trata-se de uma experiência engraçada que tivemos quando morávamos em Colorado Springs. Um senhor veio ao nosso centro de estudos e ofereceu-se para nos pagar uma enorme e fantástica quantia em dinheiro (não me lembro quanto) se conseguíssemos exorcizar a entidade da nicotina que estava nele. Ele já estivera em vários lugares e não encontrara ninguém que tivesse conseguido. Para ele, a aposta estava ganha.

Mark e eu o levamos para a sala de preces, fizemos o ritual de exorcismo e, sem sombra de dúvida, a entidade da nicotina foi atada. Mas ele voltou no dia seguinte e disse que a entidade ainda estava nele. Com certeza, ele não acreditava que a entidade fosse retirada.

Por essa história, vemos que quando você invoca os anjos, precisa nutrir no coração um desejo profundo de *se livrar* da entidade, e acreditar que Deus pode fazê-lo. A partir daí, você precisa monitorar-se diariamente a fim de manter forte a vontade de não dar a sua luz àquela entidade.

Você só precisa deixar de fumar por um dia. Percebe? Ao acordar pela manhã, você diz "Hoje não vou fumar" e leva consigo tirinhas de aipo e de cenoura. Você sempre terá algo para colocar na boca e mastigar, não é verdade?

Você não fumou por um dia, alcançou a vitória e também não fuma no dia seguinte. É esse o conselho que dou para as pessoas abandonarem o vício. O desejo de deixar de fumar deve ser reforçado pelos chamados aos anjos e pelos decretos.

Quando você deixar de fumar, começará a desintoxicar-se da nicotina, o que pode causar vertigens. Por isso recomendo respirar ar puro, fazer exercícios e sauna, se possível, para que você vá expelindo a substância pelo suor. Você só precisa perseverar. Não retome o hábito e, quando se sentir tentado, peça que a presença do Arcanjo Miguel permaneça sobre você e que o fortaleça.

Você pode rezar e trabalhar com a espada em favor de qualquer um dos seus entes queridos. Se eles não têm a intenção de deixar o vício, não lhes conte o que você está fazendo. [risos] Uma mulher contou-me que fez os chamados para o marido no altar. Ele parou de fumar e ela contou-lhe o motivo: ela havia feito os chamados. "O quê?!", ele perguntou. "Você fez isso?" E voltou a fumar [risos]. Nada está acabado se não chegou ao fim.

Isso pode ser feito com muitos problemas domésticos. Familiarize-se com o Arcanjo Miguel, use a espada de chama azul e, em seis meses — se houver se dedicado aos decretos, ao uso da chama violeta e a viver, movimentar-se e permanecer entre os anjos —, você se surpreenderá ao olhar para si mesmo, para os seus entes queridos, sua condição geral, situação no trabalho e sua senda espiritual.

Notas

1. EU SOU O QUE EU SOU: o nome de Deus que foi revelado a Moisés.
2. Êx 3,4-5; Js 5,14-15; At 7,30-33.
3. At 8,26-39.
4. At 10.
5. At 12,1-17.
6. At 27,21-24, Bíblia de Jerusalém.
7. Fp 2,5.
8. A expressão *Grande Fraternidade Branca* refere-se à fraternidade dos santos do céu. O termo *branca* não faz referência à raça, mas à aura de luz branca que todos os santos têm.
9. Tg 4,8.
10. Êx 3,13-15.
11. Jo 14,12.
12. Gross, Andrea. "I Met an Angel". *Ladies' Home Journal*, dezembro de 1992, pp. 60, 63.

13. Kourdakov, Sergei. *The Persecutor*. Old Tappan, N.J.: Fleming H. Revell Company, Spire Books, 1973, pp. 59-60.
14. U. S. Department of Health and Human Services, *The Health Consequences of Smoking: Nicotine Addiction, A Report of the Surgeon General* (Washington, D.C.: Government Printing Office, 1988).
15. Carma é uma palavra originária do sânscrito que significa "ato", "agir", "palavra" ou "ação". O carma, positivo ou negativo, é o efeito das causas que pusemos em movimento, no passado, tenha ele acontecido há dez minutos ou há dez encarnações. É o resultado dos nossos pensamentos, palavras e obras. Ver também Mt 5,18.
16. Publicado em 1982, na *Pearls of Wisdom*, vol. 25, n. 46.
17. Blavatsky, H. P., *Isis Unveiled: Science and Theology*. Los Angeles: Theosophical Company, 1877, v.1, pp. 362-64.

Sobre a Autora

ELIZABETH CLARE PROPHET é autora de mais de 75 livros sobre os ensinamentos espirituais dos santos e dos sábios do Oriente e do Ocidente. Em sua vasta literatura encontram-se transcritas mais de 1.800 mensagens ou "ditados", concedidos pelo dom do Espírito Santo, dos Arcanjos e dos Mestres Ascensos.

Os esforços da autora visam tornar os caminhos místicos das religiões mundiais acessíveis àqueles que buscam sua verdade mais profunda. Suas pesquisas percorrem ensinamentos do Budismo, do Cristianismo Místico, dos textos cristãos gnósticos, do Hinduísmo, da Cabala (Judaísmo Místico) e do Taoísmo.

A autora reside na comunidade do Espírito Santo, fundada por ela e seu falecido marido Mark L. Prophet, no Rancho Royal Teton, no estado norte-americano de

Montana. Lá está sediada a Summit University Press, organização responsável há mais de três décadas por produzir e divulgar os livros da autora, organizar conferências, seminários e grupos de estudo, contando com 200 centros nos Estados Unidos e outros em mais 38 países. Referência no estudo da espiritualidade moderna, a Summit University Press recebe profissionais e pesquisadores de todo o mundo. No Brasil, a Summit é representada por Summit Lighthouse do Brasil, sediada no estado de São Paulo.

Recursos Espirituais

Para mais informações sobre os livros, fitas de áudio, palestras, ensinamentos e técnicas espirituais apresentados pela autora, entre em contato com:

Summit Lighthouse do Brasil
www.summit.org.br
Rua Machado de Assis, 252
Vila Mariana, São Paulo, SP
CEP 04106-000
Tel.: (11) 3804-2941
E-mail: summit@summit.org.br

Você pode adquirir os títulos da Editora Nova Era por Reembolso Postal e se cadastrar para receber nossos informativos de lançamentos e promoções. Entre em contato conosco:

mdireto@record.com.br

Tel.: (21) 2585-2002
Fax.: (21) 2585-2085
De segunda a sexta-feira,
das 8h30 às 18h.

Caixa Postal 23.052
Rio de Janeiro, RJ
CEP 20922-970

Válido somente no Brasil.

www.editorabestseller.com.br

Este livro foi composto na tipologia Goudy OldStyle BT,
em corpo 11,5/15,5, impresso em papel off-white 90g/m²
no Sistema Cameron da Divisão Gráfica
da Distribuidora Record.